Dados Internacionais de Catalogação na Publicação (CIP) de acordo com ISBD

A174m	Aceti, Laura
	O mundo em mapas / Laura Aceti; Giorgio Bergamino; ilustrado por Dario Cali; traduzido por Paloma Blanca. – Jandira, SP: Ciranda Cultural, 2024.
	62 p. : il.; 27cm x 34cm.
	Título original: El mundo en mapas
	ISBN: 978-65-261-1455-1
	1. Literatura infantil. 2. Descoberta. 3. Diversão. 4. Mundo. I. Bergamino, Giorgio. II. Cali, Dario. III Blanca, Paloma. IV. Título.
2024-1941	CDD 028.5
	CDU 82-93

Elaborada por Lucio Feitosa - CRB-8/8803

Índice para catálogo sistemático:
1. Literatura infantil 028.5
2. Literatura infantil 82-93

© SUSAETA EDICIONES S.A.
C/ Campezo, 13 – 28022 Madri
Tel.: 91 3009100 – Fax: 91 3009118

© 2024 desta edição:
Ciranda Cultural Editora e Distribuidora Ltda.
Tradução: Paloma Blanca
Editora: Jamille Gentile
Preparação de texto: Adriane Gozzo | AAG Soluções Editoriais
Revisão: Lígia Arata Barros e Angela das Neves
Diagramação: Ricardo Neuber

1ª Edição em 2024
www.cirandacultural.com.br
Todos os direitos reservados. Nenhuma parte desta publicação pode ser reproduzida, arquivada em sistema de busca ou transmitida por qualquer meio, seja ele eletrônico, fotocópia, gravação ou outros, sem prévia autorização do detentor dos direitos, e não pode circular encadernada ou encapada de maneira distinta daquela em que foi publicada, ou sem que as mesmas condições sejam impostas aos compradores subsequentes.

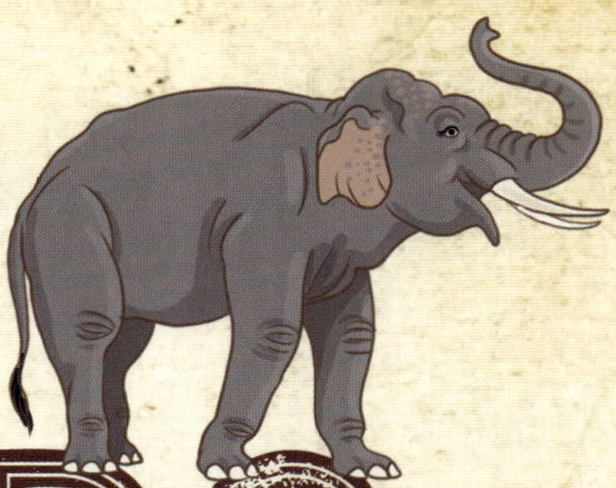

O MUNDO EM MAPAS

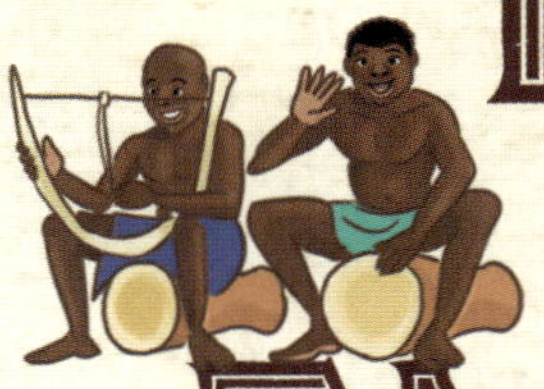

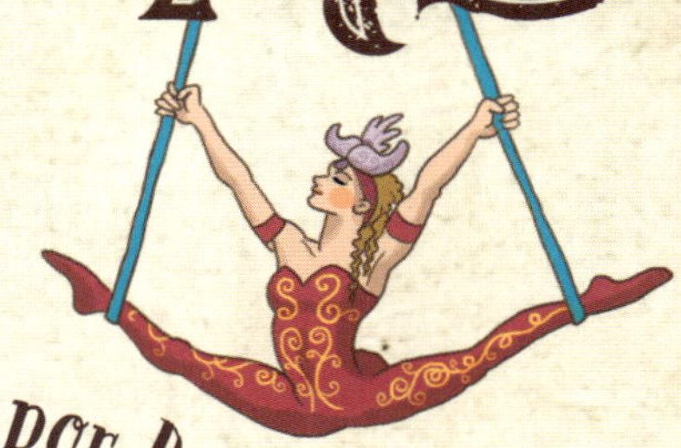

Ilustrado por Dario Calì

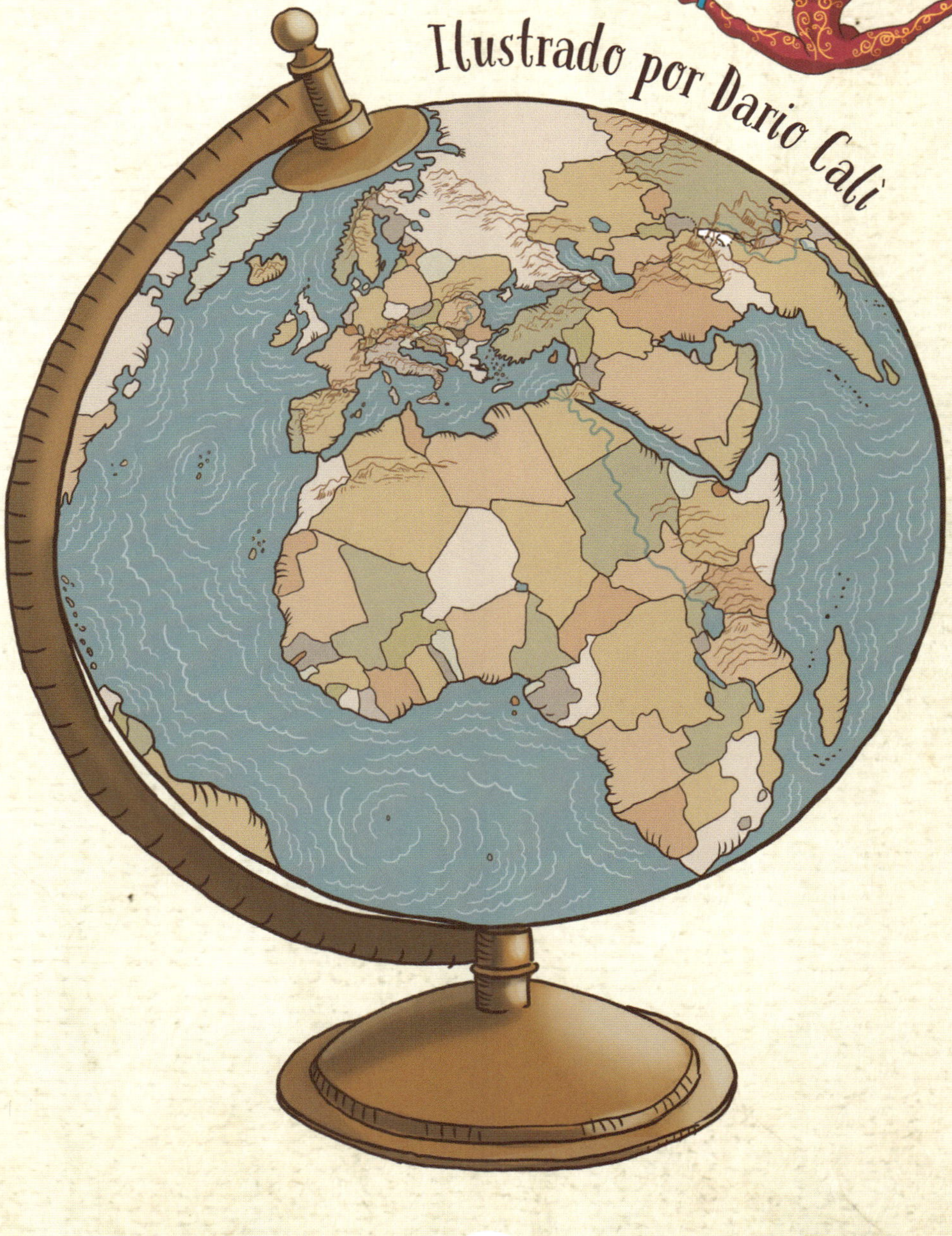

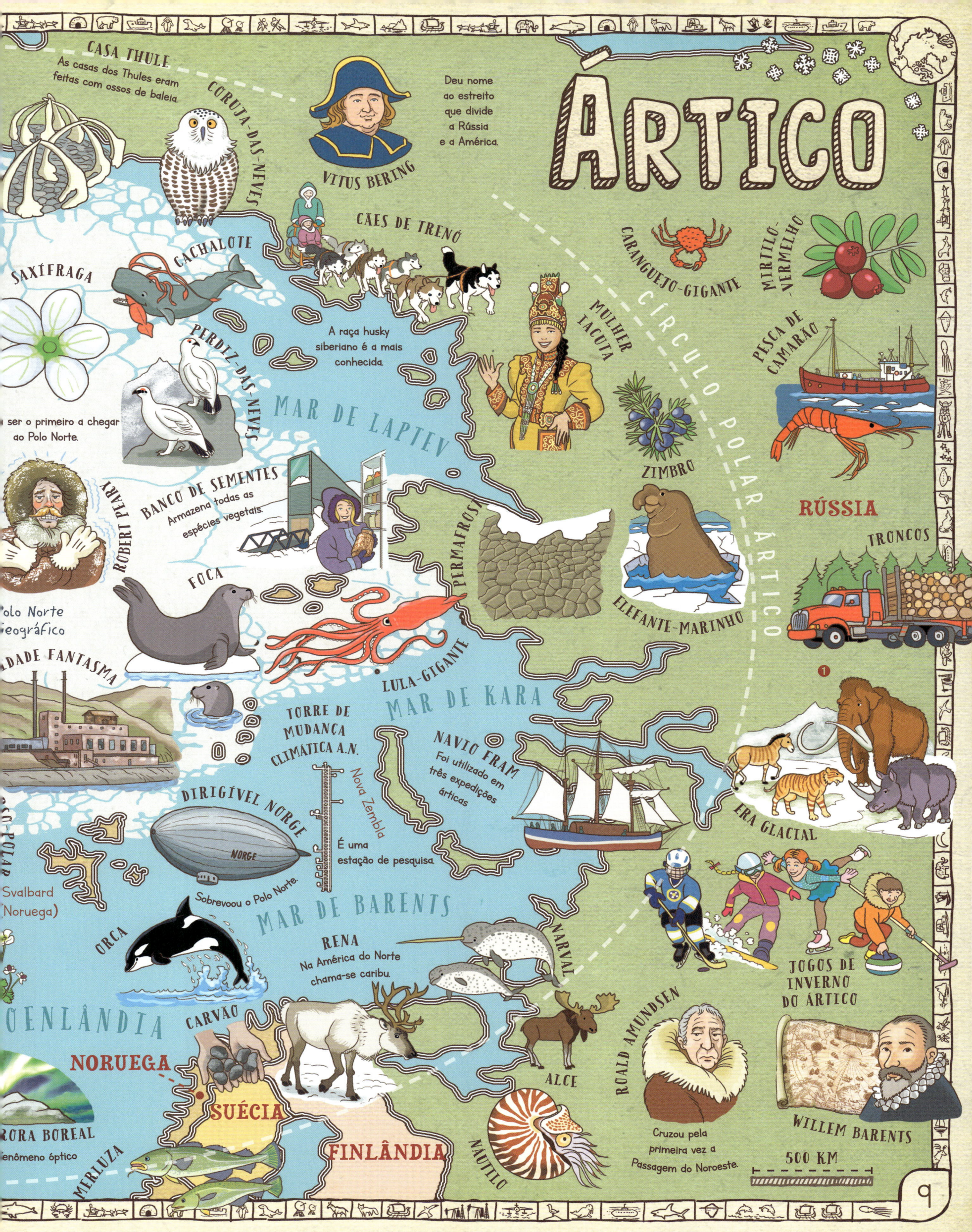

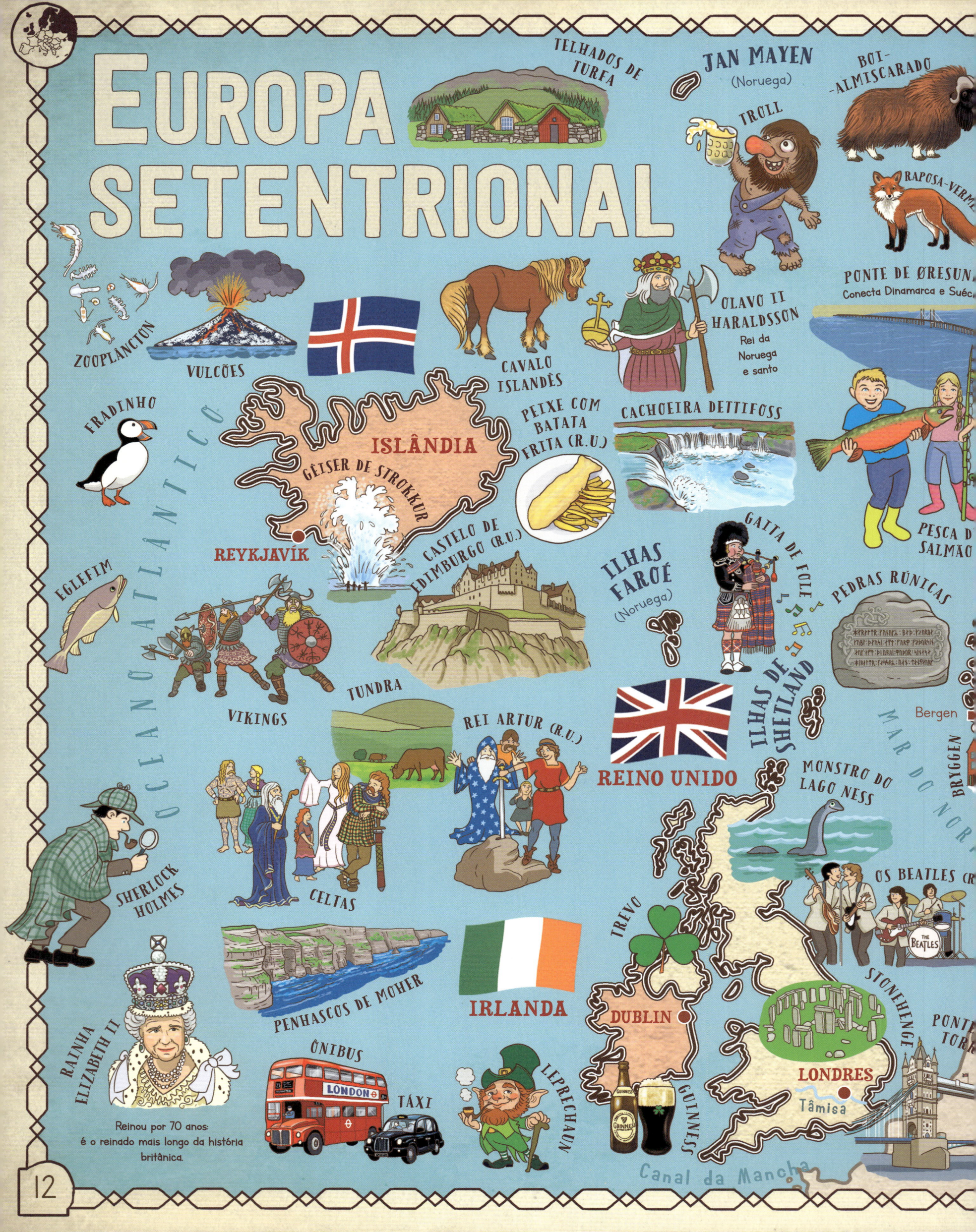

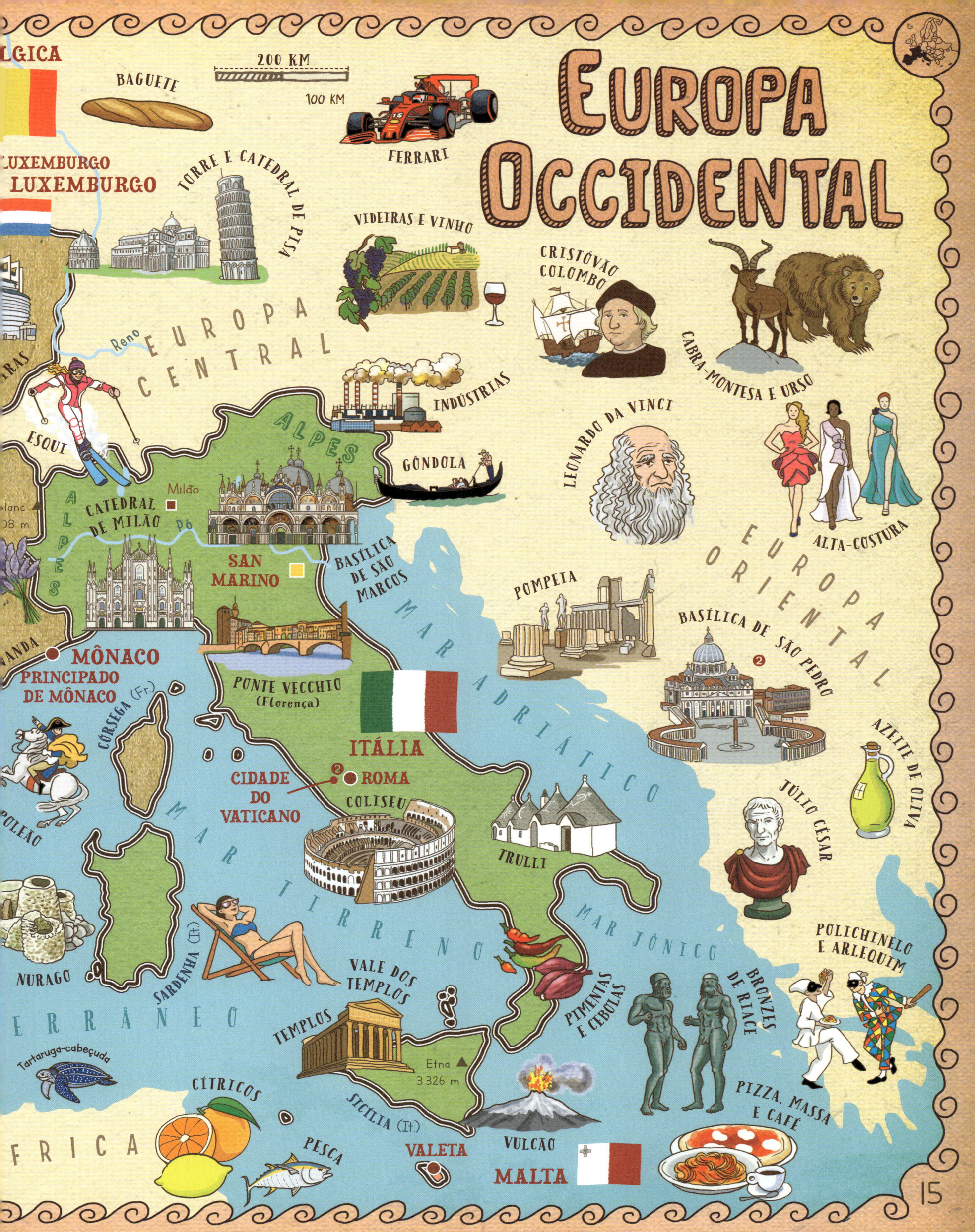

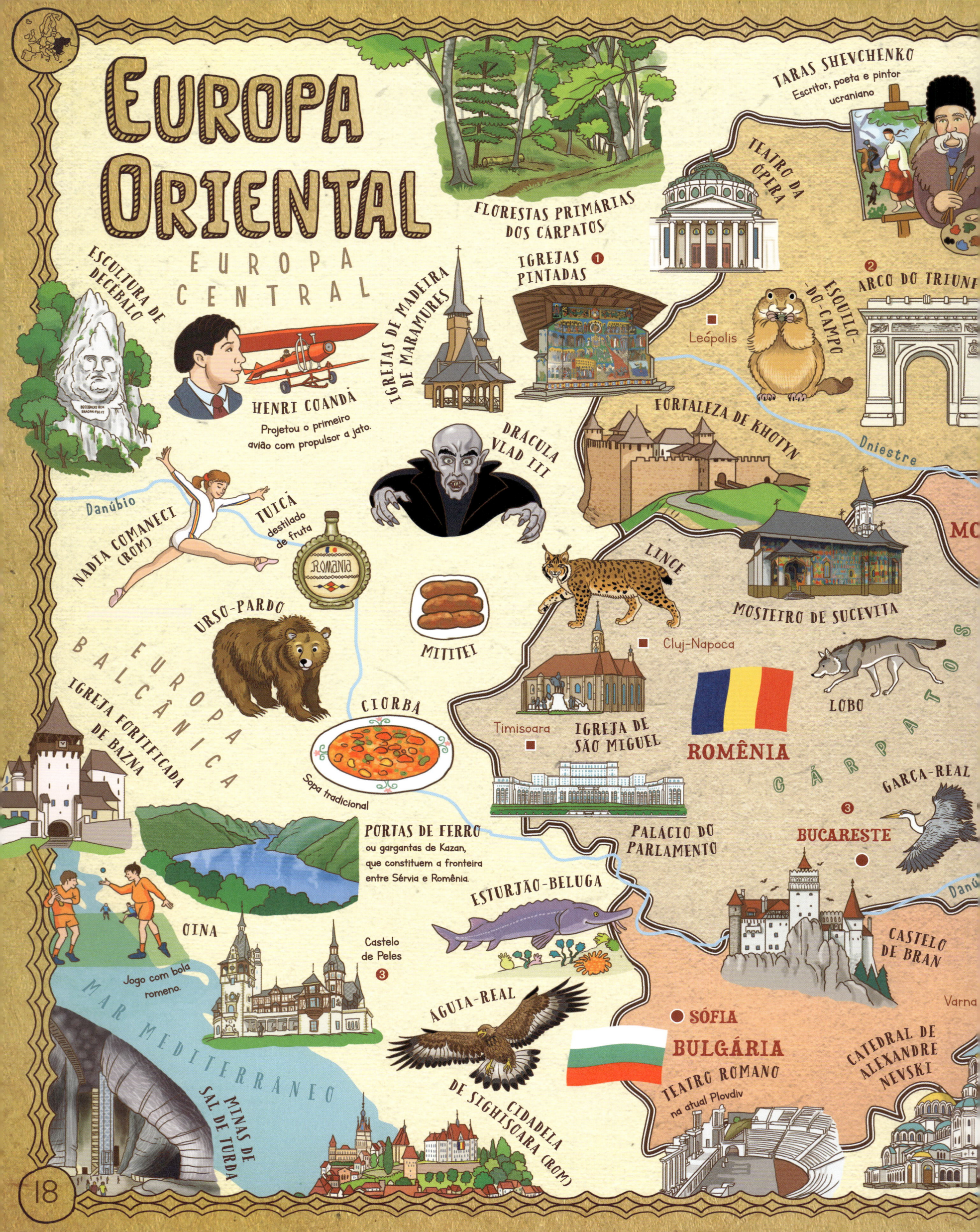

JACARÉ-DA-CHINA
RÚSSIA
TEMPLO DO CÉU
FOGOS DE ARTIFÍCIO
GUEIXA
TORII
MAO ZEDONG
PEQUINÊS
TIGRE-SIBERIANO
Amur
SUMÔ
SALAMANDRA-GIGANTE-DO-JAPÃO
GRANDE MURALHA DA CHINA
SUSHI
WASABI
EXÉRCITO DE TERRACOTA
COREIA DO NORTE
Sapporo
(PEQUIM)
KIM JONG-UN
SKYTREE DE TÓQUIO
SHINKANSEN
PEQUIM
TORRE DO GUINDASTE AMARELO
PYONGYANG
MACACO-JAPONÊS
OCEANO PACÍFICO
SEUL
SAQUÊ
CASTELO HIMEJI
RIQUIXÁ
JAPÃO
Osaka
TÓQUIO
PARQUE NACIONAL DE ZHANGJIAJIE
MAR AMARELO
COREIA DO SUL
MONTE FUJI
Xangai
BOTO-DO-ÍNDICO
TORRE XANGAI
MAR DA CHINA ORIENTAL
ARRANHA-CÉU
TAIKO
INDÚSTRIA ELETRÔNICA
AMEIXEIRA
PESCARIA
Taipé
PALÁCIO CHANGDEOKGUNG (TAP)
CATANA
BOMBA ATÔMICA
Lançada sobre Hiroshima e Nagasaki em 1945.
SAMURAI
URSO-NEGRO-ASIÁTICO
Hong Kong
BANANAS
JARDINS JAPONESES
MAR DO SUL DA CHINA

SUDESTE ASIÁTICO

4 MERCADOS FLUTUANTES
LUANG PRABANG (LAOS)
BINTURONG
500 KM
5 TEMPLO DO BUDA DE ESMERALDA
CANELA
ABACAXI
AYUTTHAYA
URSO-TIBETANO
CULTIVO DE CHÁ
CASA DOS ESPÍRITOS
2 ANGKOR WAT
MARIPOSA-ATLAS
JARDINS BOTÂNICOS DE SINGAPURA
NOZ-MOSCADA
COQUEIRO
FILIPINAS
TRIÂNGULO DE CORAL
MUAY THAI
MANILA
TUK-TUK
CANA-DE-AÇÚCAR
MANGUEZAIS
MICRONÉSIA
TERRAÇOS DE ARROZ BANAUE
Davao
ERUPÇÃO DO PINATUBO
GIBÃO
PANTERA-NEGRA
ROLINHOS PRIMAVERA
CRAVOS
ÁGUIA-DAS-FILIPINAS
NEPENTHES
MORCEGOS
Plantas carnívoras
EQUADOR

OCEANO PACÍFICO

SATAY
Sorong
1 TORRES PETRONAS
TIGRE-MALAIO
LEOPARDO-NEBULOSO
NASI GORENG
NOVA GUINÉ
BATIQUE
OURO
COBRA-REAL
DÍLI
Prato típico da Indonésia
ELEFANTE-ASIÁTICO
OCEANIA
TIMOR-LESTE
CROCODILO-MARINHO
EUCALIPTO
PÍTON-RETICULADA
ANTA-MALAIA
4 ARNOLDII

41

GROENLÂNDIA

OCEANO A

OCEANO ÁRTICO

CANADÁ

ESTADOS UNIDOS DA AMÉRICA

MÉXICO

BAHAMAS

Mississippi

OCEANO

7 PAMPA: pastagens argentinas semelhantes à savana e à estepe.

2 ESTÁTUA DA LIBERDADE Símbolo de Nova York e dos Estados Unidos.

1 As MONTANHAS ROCHOSAS são uma enorme cordilheira que se estende, de norte a sul, pelos Estados Unidos e pelo Canadá.

AMÉRICA

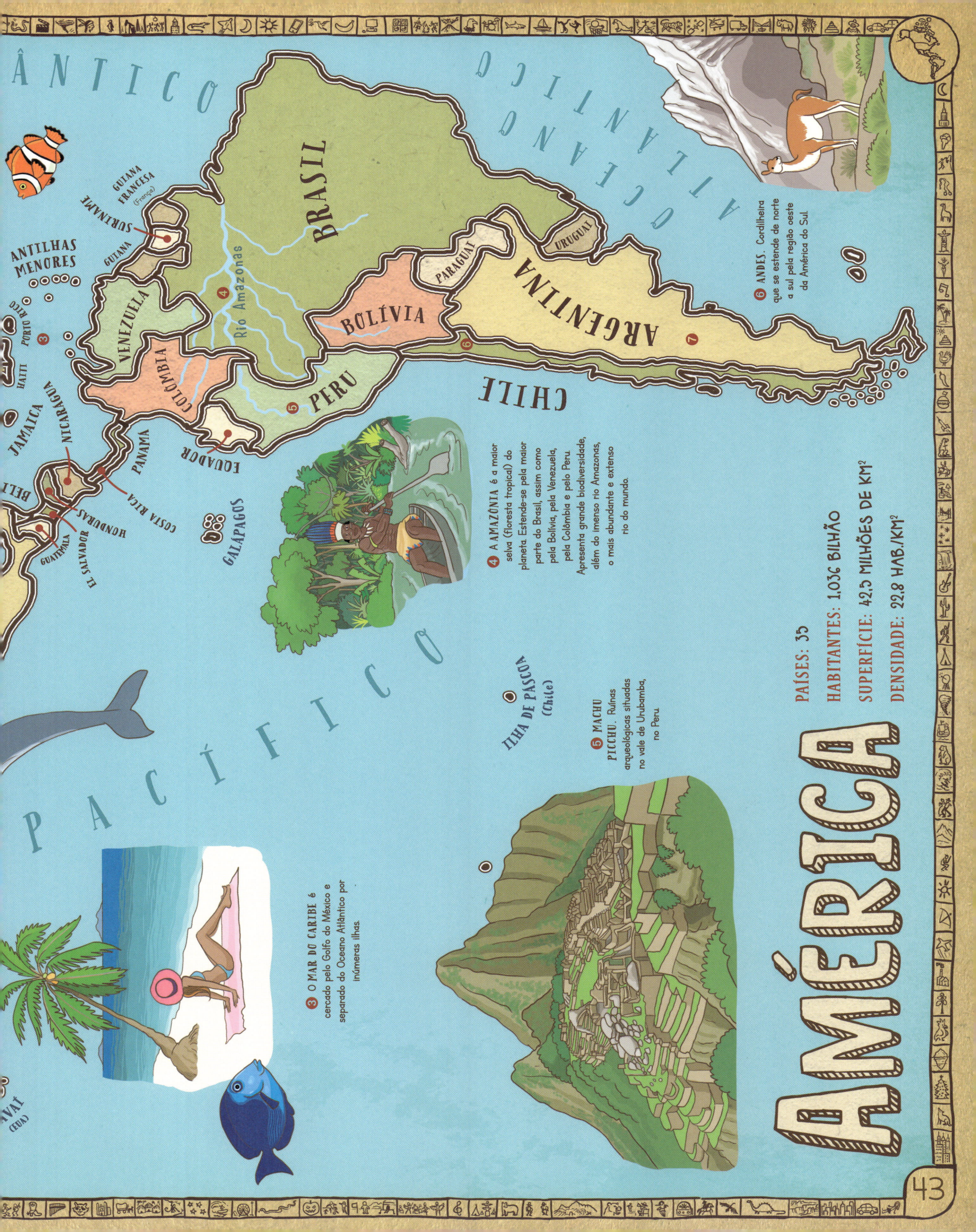

PAÍSES: 35
HABITANTES: 1,036 BILHÃO
SUPERFÍCIE: 42,5 MILHÕES DE KM²
DENSIDADE: 22,8 HAB./KM²

OCEANO ATLÂNTICO

OCEANO PACÍFICO

Países e regiões:
- ANTILHAS MENORES
- PORTO RICO
- HAITI
- JAMAICA
- BELIZE
- GUATEMALA
- EL SALVADOR
- HONDURAS
- NICARAGUA
- COSTA RICA
- PANAMÁ
- VENEZUELA
- GUIANA
- SURINAME
- GUIANA FRANCESA (França)
- COLÔMBIA
- EQUADOR
- GALÁPAGOS
- PERU
- BRASIL
- BOLÍVIA
- PARAGUAI
- CHILE
- ARGENTINA
- URUGUAI
- ILHA DE PASCOA (Chile)
- (HAVAÍ - EUA)
- Rio Amazonas

❸ **O MAR DO CARIBE** é cercado pelo Golfo do México e separado do Oceano Atlântico por inúmeras ilhas.

❹ **A AMAZÔNIA** é a maior selva (floresta tropical) do planeta. Estende-se pela maior parte do Brasil, assim como pela Bolívia, pela Venezuela, pela Colômbia e pelo Peru. Apresenta grande biodiversidade, além do imenso rio Amazonas, o mais abundante e extenso rio do mundo.

❺ **MACHU PICCHU.** Ruínas arqueológicas situadas no vale de Urubamba, no Peru.

❻ **ANDES.** Cordilheira que se estende de norte a sul pela região oeste da América do Sul.

AMÉRICA DO NORTE

- PESCA DE SALMÃO
- FEBRE DO OURO
- MADEIRA
- URSO-POLAR
- URSO-NEGRO (Também chamado baribal)
- ARMINHO
- PETRÓLEO E GÁS
- TOTEM
- LEGUMES
- CASTOR-AMERICANO
- RÚSSIA
- Estreito de Bering
- FRANK SINATRA (EUA)
- CABRA-DAS-ROCHOSAS
- ALASCA (EUA)
- Pico mais alto do continente. ▲ Denali (McKinley) 6.190 m
- GELEIRAS
- ALPINISMO
- Yukon
- PUMA
- CANADÁ
- MARILYN MONROE (EUA)
- MARTIN LUTHER KING JR. (EUA) — Lutou contra a discriminação racial.
- GANSO-DO-CANADÁ
- MONTANHAS ROCHOSAS
- Waddington ▲ 4.019 m
- PIONEIROS
- BASQUETEBOL
- LINCE-DO-CANADÁ
- NATIVOS AMERICANOS — Há mais de 500 grupos étnicos.
- Vancouver
- Seattle
- OCEANO PACÍFICO
- BEISEBOL
- CHURRASCO
- PONTE GOLDEN GATE (São Francisco)
- BISÃO-AMERICANO
- INDÚSTRIA DO CINEMA
- FUTEBOL AMERICANO
- UKELELE
- ILHAS DO HAVAÍ (EUA)
- FOCA-MONGE-HAVAIANA
- COIOTE
- HARLEY-DAVIDSON (EUA)
- ELVIS PRESLEY (EUA)
- Los Angeles
- ÁGUIA-CALVA

POLÍCIA MONTADA DO CANADÁ
TUNDRA
CIRQUE DU SOLEIL
GROENLÂNDIA
HÓQUEI NO GELO
ALCE
TRUTA ARCO-ÍRIS
DIAMANTES
CAVALO CANADENSE
URSO-PARDO
Tiras de carne seca.
JERKED BEEF
CORUJA-DAS-NEVES
IROQUESES
PARADA DO PAPAI NOEL
Baía de Hudson
TOURTIÈRE
Torta de carne e batatas típica do Quebec.
MAPLE SYRUP
XAROPE DE BORDO
CÃO TERRA-NOVA
BARCO DO GREENPEACE
L'ANSE AUX MEADOWS
PROVINCIAL DINOSSAUROS
Lago Winnipeg
AÇOR
ÁRVORE DE BORDO
PARLAMENTO
POUTINE
DONUT
GUAXINIM
TITANIC
OCEANO ATLÂNTICO
LÚCIO
OTTAWA
Missouri
Lago Superior
Lago Huron
Lago Michigan
Toronto
Ontário
Erie
Chicago
CEREAIS
MONTE RUSHMORE
INDÚSTRIA AUTOMOBILÍSTICA
ARRANHA-CÉUS
CATARATAS DO NIÁGARA
ESTADOS UNIDOS
GRAND CANYON
JAZZ
Nova York
SATÉLITES
FOGUETES
BERMUDAS (R.U.)
WASHINGTON
Mississippi
RODEIO
NASA
PARQUE EVERGLADES
ESTÁTUA DA LIBERDADE
CABO CANAVERAL
Localizado na Flórida
CASA BRANCA
(Washington)
1000 KM
500 KM
MÉXICO

AMÉRICA DO NORTE E AMÉRICA CENTRAL

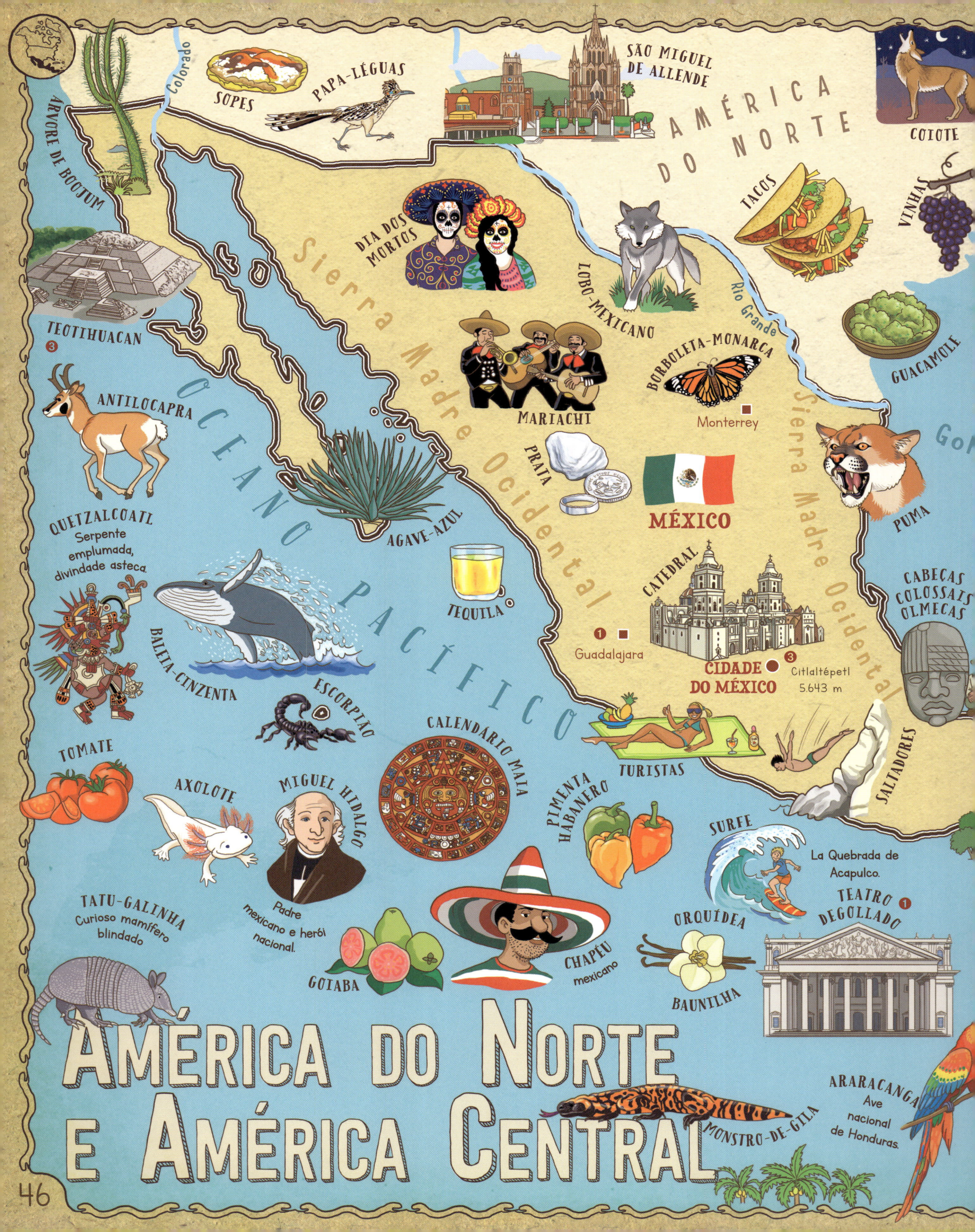

América do Norte

- **Árvore de Boojum**
- **Colorado**
- **Sopes**
- **Papa-léguas**
- **São Miguel de Allende**
- **Coiote**
- **Dia dos Mortos**
- **Lobo-mexicano**
- **Tacos**
- **Vinhas**
- **Teotihuacan**
- **Antilocapra**
- **Mariachi**
- **Borboleta-monarca** — Monterrey
- **Guacamole**
- **Quetzalcoatl** — Serpente emplumada, divindade asteca.
- **Agave-azul**
- **Prata**
- **México**
- **Puma**
- **Baleia-cinzenta**
- **Tequila**
- **Catedral** — Guadalajara
- **Cidade do México** — Citlaltépetl 5.643 m
- **Cabeças Colossais Olmecas**
- **Oceano Pacífico**
- **Sierra Madre Ocidental**
- **Tomate**
- **Escorpião**
- **Calendário Maia**
- **Turistas**
- **Saltadores**
- **Axolote**
- **Miguel Hidalgo** — Padre mexicano e herói nacional.
- **Pimenta Habanero**
- **Surfe** — La Quebrada de Acapulco.
- **Tatu-galinha** — Curioso mamífero blindado
- **Goiaba**
- **Chapéu mexicano**
- **Orquídea**
- **Baunilha**
- **Teatro Degollado**
- **Monstro-de-Gila**
- **Araracanga** — Ave nacional de Honduras.

46

América Central

SAGUARO
VULCÕES E TERREMOTOS
FUTEBOL
GRETA OTO
JOYA DE CERÉN — Sítio arqueológico de El Salvador.
300 KM
EMILIANO ZAPATA (MÉX)
ONÇA-PARDO
CROCODILO-AMERICANO

OCEANO ATLÂNTICO

FRIDA KAHLO / **DIEGO RIVERA** — Dois grandes pintores mexicanos
SELVA
ABACAXI
CAVALO-MARINHO
❼ GRANDE BURACO AZUL (BELIZE)

México
❷ ESFERAS DE PEDRA
❹ UXMAL
IRARA

PALENQUE
❻ PIRÂMIDE DE KUKULKAN
PUPUSAS
CUBA
ANTA
BANANAS
BARREIRA DE CORAIS

GAMBÁ
MAR DO CARIBE
CAFÉ
BELIZE
QUETZAL GUATEMALTECO

TIKAL
BELMOPAN
HONDURAS
BARRACUDA
CAMARÃO
GALLO PINTO

TEGUCIGALPA
COPAN
ORQUÍDEA
TARTARUGA-VERDE

GUATEMALA
AÇÚCAR
CASCAVEL

❸ MANÁGUA
EL SALVADOR — SAN SALVADOR
Lago Nicarágua
NICARÁGUA
ONÇA-PINTADA

ALGODÃO
PANAMÁ — PANAMÁ
TORDO-COR-DE-BARRO
Canal do Panamá
MACACO-PREGO

RÃ-DE-OLHOS-VERMELHOS
HENRY MORGAN (PIRATA)
COSTA RICA — SAN JOSÉ
BARCOS DO CANAL
AMÉRICA DO SUL

47

América Central

Mar do Caribe

CONGA — CROCODILO-CUBANO — EUA — ZUNZUNCITO — IPÊ-DE-JARDIM (Flor nacional das Bahamas) — SNORKEL

PEIXE-ANJO — POMELOS — JUTIA — NASSAU — BAHAMAS — NAUFRÁGIOS

CATEDRAL de Havana — TAXI — BANCO — TOCORORO — AÇÚCAR — TURISMO — IGUANA — ILHAS TURCAS E CAICOS (R.U.)

HAVANA — CUBA — MAUSOLÉU DE CHE GUEVARA

FIDEL CASTRO — LÍRIO-DO-BREJO — CHARUTOS CUBANOS — MOROS E CRISTIANOS — LAGOSTA

ERNEST HEMINGWAY — Escreveu seus grandes romances em Cuba. — RUMBA — ILHAS CAYMAN (R.U.) — USAIN BOLT — JERK — BEISEBOL — ALMIQUI — HAITI

MOJITO — MAMÃO — KINGSTON — TAP-TAP — PORTO PRÍNCIPE

FURACÕES — JAMAICA — BOB MARLEY — ACKEE COM BACALHAU — CIDADELA LAFERRIÈRE é uma fortaleza do Haiti.

BORBOLETA HOMERUS — DESCOBERTA DA AMÉRICA — CONCHAS

ORQUÍDEAS — MANGUEZAIS — 12 de outubro de 1492: primeiro desembarque de Colombo no Novo Mundo.

PESCA — BARREIRA DE CORAIS — PEIXE-BOI-MARINHO — AMÉRICA DO SUL — CARNAVAL DE TRINDADE E TOBAGO

200 KM

48

CARIBE

OCEANO ATLÂNTICO

- JUNKANOO — Festividade semelhante ao Carnaval
- CAFÉ
- COCO
- MANDIOCA
- SELVA TROPICAL
- BRIMSTONE HILL (SÃO C. E N.)
- ALGODÃO
- CANA-DE-AÇÚCAR
- TABACO
- BUGANVÍLIA
- NAVIO PIRATA
- TURISMO
- RÃ GALINHA-DA-MONTANHA
- MONTSERRAT (R.U.)
- ESTALEIRO DE NELSON (ANTÍGUA)
- PELAU
- PICO DUARTE
- COQUI
- PORTO RICO — SAN JUAN
- ILHAS VIRGENS (R.U.)
- ANGUILA (R.U.)
- ILHAS VIRGENS (EUA)
- SAINT JOHN'S — ANTÍGUA E BARBUDA
- FRAGATA
- DOMINICANA — SANTO DOMINGO — CIDADE COLONIAL
- BACHATA
- RICKY MARTIN — Nascido em Porto Rico
- SAMAMBAIAS
- SÃO CRISTÓVÃO E NÉVIS
- BANANAS
- GUADALUPE (FRANÇA)
- DOMINICA
- MARTINICA (FRANÇA)
- PEIXE-VOADOR
- PONTE CHAMBERLAIN
- CRUZEIROS
- CALLALOO
- MONTANHAS DE PITÕES — Formações vulcânicas
- SANTA LÚCIA
- CACAU
- BRIDGETOWN — BARBADOS
- MORCEGO-FRUGÍVORO-JAMAICANO
- RUM
- FLAMINGOS
- TARTARUGA-DE-PENTE
- SÃO VICENTE E GRANADINAS
- PRAIAS
- ARUBA (P. BAIXOS)
- BONAIRE (P. BAIXOS)
- CURAÇAO (P. BAIXOS)
- GRANADA
- ALOE VERA
- LAGO LA BREA
- VULCÕES
- PORTO DA ESPANHA
- TRINDADE E TOBAGO
- ESPECIARIAS

AMÉRICA DO SUL

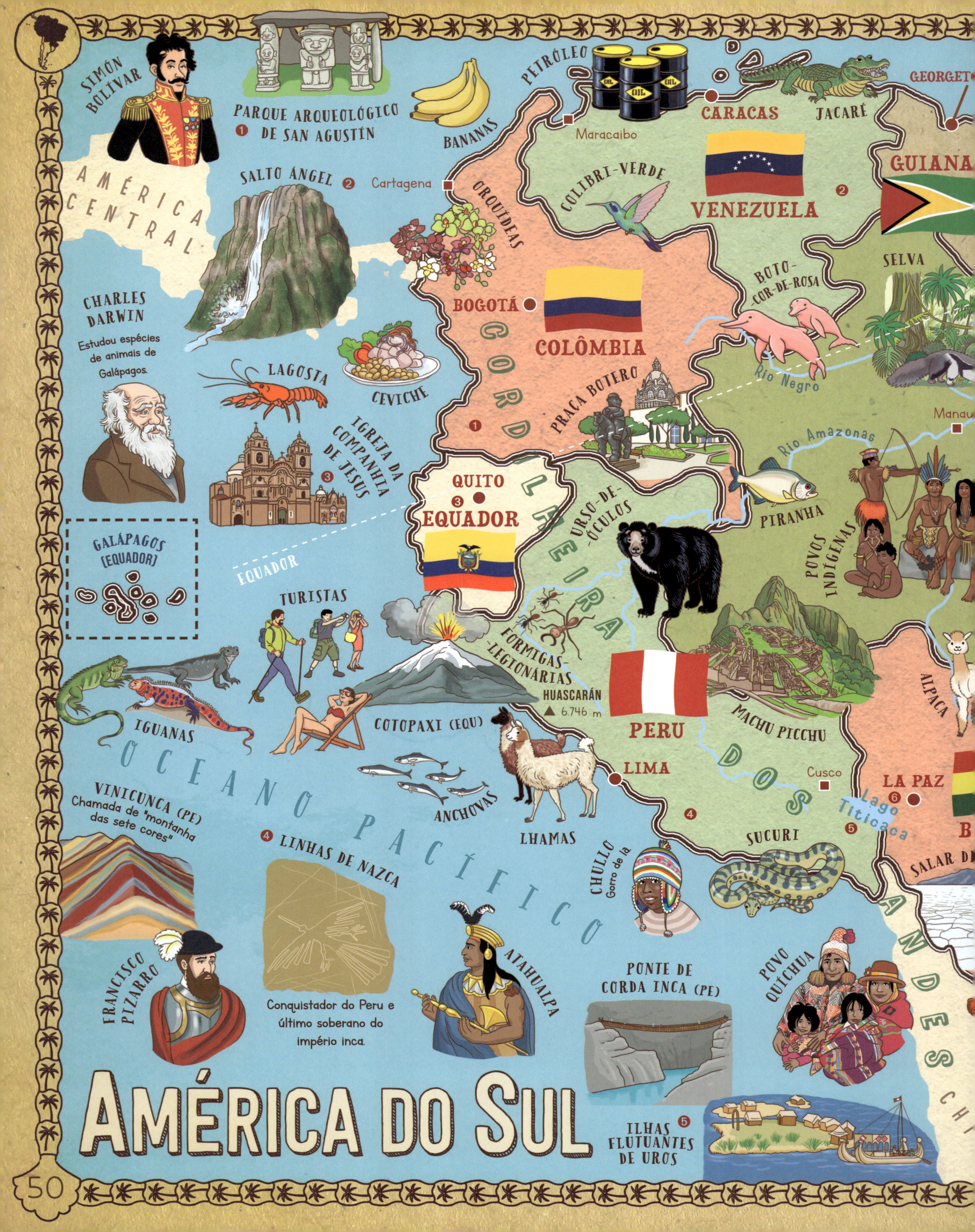

SIMÓN BOLÍVAR

PARQUE ARQUEOLÓGICO DE SAN AGUSTÍN ①

BANANAS

PETRÓLEO

CARACAS

JACARÉ

GEORGET...

VENEZUELA

GUIANA

AMÉRICA CENTRAL

SALTO ÁNGEL ②

Cartagena

ORQUÍDEAS

COLIBRI-VERDE

SELVA

CHARLES DARWIN
Estudou espécies de animais de Galápagos.

LAGOSTA

CEVICHE

IGREJA DA COMPANHIA DE JESUS ③

BOGOTÁ

COLÔMBIA

BOTO-COR-DE-ROSA

Rio Negro

Manau...

PRAÇA BOTERO

Rio Amazonas

GALÁPAGOS (EQUADOR)

QUITO ③
EQUADOR

URSO-DE-ÓCULOS

PIRANHA

POVOS INDÍGENAS

EQUADOR

IGUANAS

TURISTAS

COTOPAXI (EQU)

FORMIGAS-LEGIONÁRIAS

HUASCARÁN ▲ 6.746 m

MACHU PICCHU

ALPACA

PERU

LIMA

Cusco

LA PAZ

Lago Titicaca ⑥

OCEANO PACÍFICO

ANCHOVAS

LHAMAS

SUCURI ⑤

SALAR D...

VINICUNCA (PE)
Chamada de "montanha das sete cores"

④ LINHAS DE NAZCA

CHULLO
Gorro de la...

FRANCISCO PIZARRO

ATAHUALPA
Conquistador do Peru e último soberano do império inca.

PONTE DE CORDA INCA (PE)

POVO QUÍCHUA

ILHAS FLUTUANTES DE UROS ⑤

ARROZ
GUIANA FRANCESA (FRANÇA)
Caiena
EXTRAÇÃO DE OURO
EQUADOR
AYRTON SENNA (BR)
Campeão da Fórmula 1
FEIJOADA
SURFE
CASAS CRIOULAS
ONÇA-PINTADA
PECUÁRIA
USINA DE TUCURUÍ
CANA-DE-AÇÚCAR
PELÉ
Grande variedade de insetos

Rio Amazonas
ARARA-AZUL
SERINGUEIRA
Xingu

OCEANO ATLÂNTICO

BRASIL
DESMATAMENTO
TUCANO
SAIMIRI ou macaco-esquilo
CENTRO HISTÓRICO DE SALVADOR NA BAHIA

AMETISTA E OUTRAS PEDRAS PRECIOSAS
PLANALTO DO MATO GROSSO
BRASÍLIA
CATEDRAL DA SÉ
BORBOLETA-AZUL
CAIPIRINHA
CAFÉ

Paraguai
MINAS DE FERRO
Paraná
PÃO DE AÇÚCAR E CRISTO REDENTOR

HARPA
CHICO MENDES
São Paulo
Rio de Janeiro

PARAGUAI
ASSUNÇÃO
USINA DE ITAIPU
BICHO-PREGUIÇA
CARNAVAL

CONDOR-ANDINO
ARGENTINA
LARANJAS
ESTÁDIO DO MARACANÃ
CAPOEIRA
CATARATAS DO IGUAÇU

MISSÕES JESUÍTAS (PARAGUAI)
URUGUAI

500 KM

Mapa da América do Sul

TANGO argentino
MARADONA
PERIQUITO-AUSTRALIANO
TALHARIM
JOSÉ "PEPE" MUJICA (URUGUAI)
FRANCISCANA
MATE
FUTEBOL
CAPIVARA
LEBRE-DA-PATAGÔNIA
BRASIL
CHIVITO
URUGUAI
PALACIO SALVO
MONTEVIDÉU
CASA DE CURUTCHET Obra de Le Corbusier
JUAN MANUEL FANGIO (ARG)
PARAGUAI
LHA
PUMA
CHURRASCO
JOÃO-DE-BARRO
JACARÉ-PRETO
PARANÁ
PARAGUAI
PILCOMAYO
URUGUAI
BLOCO JESUÍTA DE CÓRDOBA
Santa Fé
CASA ROSADA
BUENOS AIRES
CAMINITO
HUASO Pastor dos vales do Chile, semelhante ao gaúcho argentino.
BOLÍVIA
QUEBRADA DE HUMAHUACA
SALINAS GRANDES
TREM DAS NUVENS
▲ Ojos del Salado 6.891 m
PARQUE NATURAL TALAMPAYA
Mendoza
PAMPAS
GAÚCHO
PERU
ANDES
DESERTO DO ATACAMA
DESERTO FLORIDO
ANDES
TRILHA INCA (PERU)
CRIAÇÃO DE SALMÃO
EMPANADAS
DOCE DE LEITE
CASAS COLORIDAS Típicas de Valparaíso
Valparaíso
CHILE
NHOQUES
SANTIAGO
PABLO NERUDA (CHILE)
VINHAS E VINHO
POLVO-GIGANTE
PISCO
PALACIO DA MOEDA (SANTIAGO)
Concepción
CONDOR
OCEANO PACÍFICO

52

AMÉRICA DO SUL

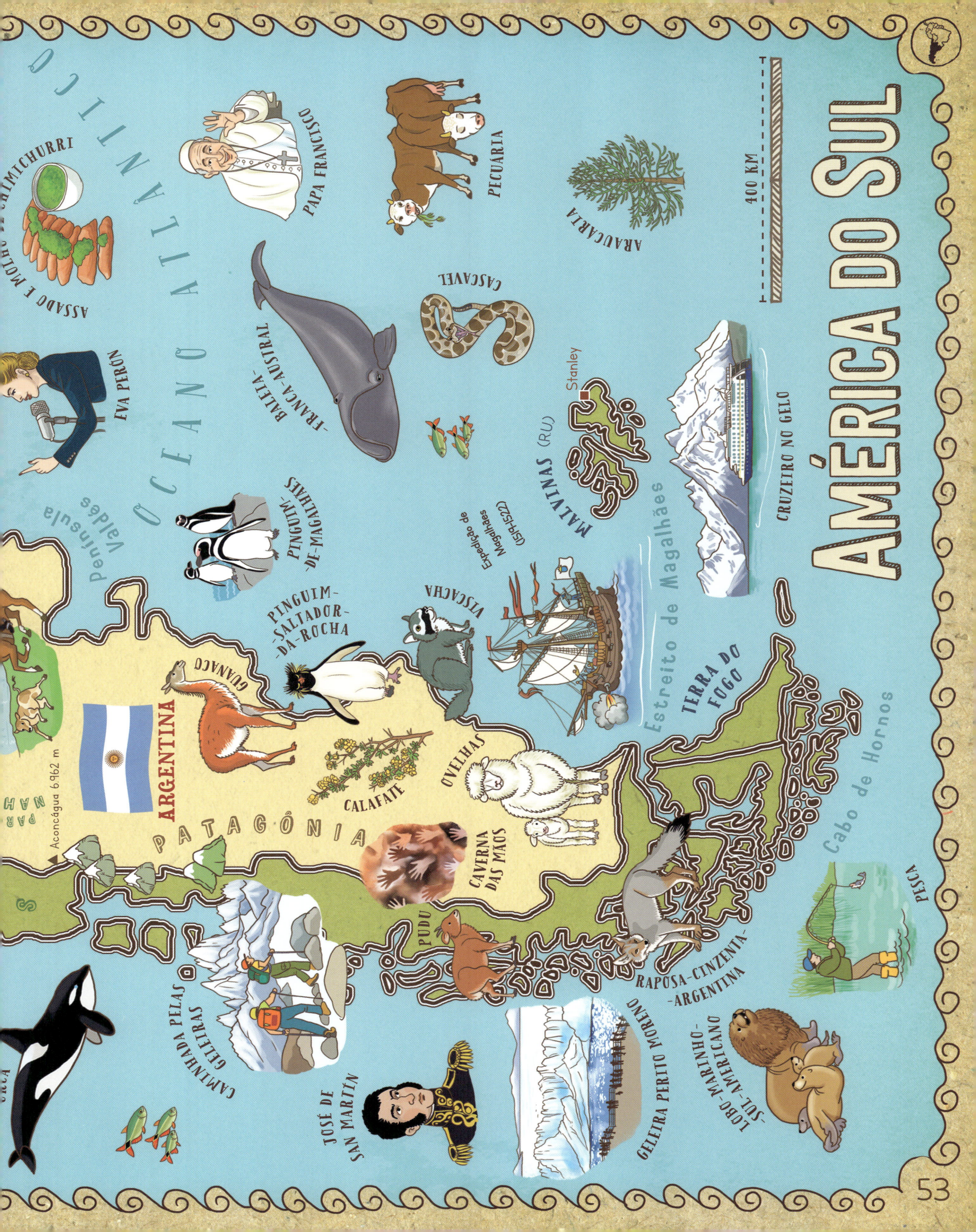

400 KM

OCEANO ATLÂNTICO

- ASSADO E MOLHO CHIMICHURRI
- PAPA FRANCISCO
- PECUÁRIA
- ARAUCÁRIA
- EVA PERÓN
- BALEIA-AUSTRAL / FRANCA-AUSTRAL
- CASCAVEL
- MALVINAS (R.U.) — Stanley
- Expedição de Magalhães (1519-1522)
- CRUZEIRO NO GELO
- Península Valdés
- PINGUIM-DE-MAGALHÃES
- PINGUIM-SALTADOR-DA-ROCHA
- VISCACHA
- Estreito de Magalhães
- TERRA DO FOGO
- GUANACO
- ARGENTINA
- Aconcágua 6.962 m
- PARAN...
- PATAGÔNIA
- CALAFATE
- OVELHAS
- Cabo de Hornos
- CAVERNA DAS MÃOS
- PUDU
- RAPOSA-CINZENTA-ARGENTINA
- PESCA
- ORCA
- CAMINHADA PELAS GELEIRAS
- JOSÉ DE SAN MARTÍN
- GELEIRA PERITO MORENO
- LOBO-MARINHO-SUL-AMERICANO

53

① MAORI: população indígena da Nova Zelândia. São polinésios com pele clara e cabeça e rosto alongados.

② A GRANDE BARREIRA DE CORAIS é composta de cerca de 3 mil recifes de corais individuais e 900 ilhas.

ILHAS MARIANAS DO NORTE (EUA)

GUAM (EUA)

PALAU

ILHAS CAROLINAS

ILHAS MARSHALL

MICRONÉSIA

NAURU

ÁSIA

PAPUA-NOVA GUINÉ

ILHAS SALOMÃO

VANUATU

NOVA CALEDÔNIA (França)

MAR DE CORAIS

AUSTRÁLIA

MAR DA TASMÂNIA

OCEANO ÍNDICO

TASMÂNIA

⑦ OUTBACK são as terras remotas e áridas do interior da Austrália. A cor avermelhada se deve ao solo rico em ferro.

⑥ GÊISERES E VULCÕES são fenômenos típicos do território neozelandês.

OCEANIA

OCEANO PACÍFICO

3 PRAIAS magníficas, isoladas e limpas estão espalhadas pelas ilhas do Pacífico.

HAVAÍ (EUA)

JARVIS (EUA)

8 A POLINÉSIA é uma das regiões em que a Oceania está dividida. Abrange o triângulo formado por Nova Zelândia, Ilha de Páscoa e Havaí.

ILHAS GILBERT

KIRIBATI

ILHAS FÉNIX

ILHAS DA LINHA

4 O temível TUBARÃO-BRANCO é o maior peixe predador. Pode ser encontrado nas águas do Pacífico.

TUVALU

WALLIS E FUTUNA (França)

SAMOA

SAMOA (EUA)

TONGA

FIJI

ILHAS COOK (Nova Zelândia)

ILHAS MARQUESAS

ILHAS TUAMOTU

ILHAS DA SOCIEDADE

ILHAS TUBUAI

POLINÉSIA FRANCESA (França)

ILHA DE PÁSCOA (CHILE)

NIUE (Nova Zelândia)

NOVA ZELÂNDIA

ILHA DO NORTE

ILHA DO SUL

5 O CANGURU e o COALA são os animais que melhor representam a peculiar fauna australiana.

PAÍSES: 14
HABITANTES: 44 MILHÕES
SUPERFÍCIE: 8,5 MILHÕES DE KM²
DENSIDADE: 4,5 HAB./KM²

AUSTRÁLIA E NOVA ZELÂNDIA

ÁSIA MERIDIONAL

OCEANO ÍNDICO

OUTBACK — THE OUTBACK STARTS HERE

AC/DC

TORTA DE CARNE AUSTRALIANA

PINTURAS ABORÍGENES

EQUIDNA

COLONOS BRITÂNICOS

LEÃO-MARINHO-AUSTRALIANO

CRATERA GOSSES BLUFF

PARQUE NACIONAL KAKA

ALBERT NAMATJIRA
Pintor aborígene australiano

ARTE ABORÍGENE MODERNA

DROMEDÁRIO

Darwin

CROCODILO-MARINHO

NAVIO DUYFKEN

MINAS

PARQUE NACIONAL PURNULULU

CANGURU-VERMELHO

ULURU

▲ Ayers Rock 863 m

AUSTRÁLIA

NGALYOD (SERPENTE ARCO-ÍRIS)
Mito aborígene; criadora do mundo.

DESERTO DOS PINÁCULOS

FERROVIA TRANS-AUSTRALIANA
The Indian-Pacific SYDNEY PERTH

EMU

FEBRE DO OURO

Perth

O RASTRO DOS CANTOS
Livro de Bruce Chatwin.

VEGEMITE

TAIPAN

ÁRVORE DO CHÁ

ILHA DOS CANGURUS

BORBOLETAS

QUOKKA

OS MÉDICOS VOADORES
Fornecem assistência médica em áreas remotas.

500 KM

56

PAPUA-NOVA GUINÉ

SING-SING

PORTO MORESBY

VULCÕES
O Ulawun é um dos mais perigosos.

CANGURU DE ÁRVORE

PETAURO-DO-AÇÚCAR

COPA AMÉRICA

AVE DO PARAÍSO

POVO HULI
Vive na ilha de Papua-Nova Guiné.

BARRAMUNDI

SELVA

GRANDE BARREIRA DE CORAIS

POMBA-GOURA

NOVA CALEDÔNIA

JEAN BATTEN

DINGO

ILHA FRASER

MERGULHO LIVRE

RODOTREM

GRANDE-TUBARÃO-BRANCO

SKY TOWER

EUCALIPTO

COALA

CUCABURRA

ÓPERA DE SYDNEY

SURFISTA

GÊISER POHUTU

OVELHAS

Auckland

KIWI

ORNITORRINCO

CAMBERRA

Sydney

PONTE DA BAÍA

MOA
Pássaro extinto.

ESTAÇÃO FLINDERS STREET

Melbourne

ALL BLACKS

WELLINGTON

Christchurch

GUERREIRO MAORI

OS DOZE APÓSTOLOS

VINHEDOS E VINHO

TASMÂNIA

DEMÔNIO-DA-TASMÂNIA

Parque Nacional **TE WAHIPOUNAMU**

DIDJERIDU

NOVA ZELÂNDIA

57

DUGONGO
KOROR
PALAU
BATISCAFO TRIESTE
Explorou a Fossa das Marianas
COBRA ARBÓREA MARROM
MINAMI TORISHIMA (Japão)
HMS ENDEAVOR
Navio com o qual James Cook fez sua primeira exploração do Pacífico.
PESCA
COQUEIRO
MARIANAS (EUA)
NAN MADOL
Cidade antiga
WAKE (EUA)
POVO CHAMORRO
CASAMENTOS NA PRAIA
GUAM (EUA)
607 ilhas
Aganha
JAMANTA
PEDRAS RAI
Moedas enormes
CONCHAS
ESTADOS FEDERADOS DA MICRONÉSIA
ILHAS MARSHALL (EUA)
HIDROAVIÃO
PALIKIR
CAVALO-MARINHO
Majuro
DEPÓSITOS DE COBRE
SHOICHI YOKOI (JAPÃO)
PEIXE-AGULHA
MOREIA
HOWLAND (EUA)
EQUADOR
NAURU
TARAWA
TURISTAS
ORQUÍDEAS
VULCÃO KAVACHI
PEIXE-PALHAÇO
ILHAS SALOMÃO
TUVALU
SELVA
HONIARA
LÓRI-ARCO-ÍRIS
FUNAFUTI
TAPA
CAMARÃO-MANTIS
VANUATU
PORTO VILA
FIJI
SUVA
MAR DE CORAIS
Grande Barreira de Corais
ESTÚDIOS DE CINEMA
GUERREIRO KANAK
NOVA CALEDÔNIA (França)
NOUMÉA
É o estado mais rico.
RÚGBI
TONGA
NUCUA
ARAUCÁRIA COLUNAR
AUSTRÁLIA
CAGU
GECKO-GIGANTE
MINAS DE NÍQUEL
WALLIS E FUTUNA (França)
CERIMÔNIA DE KA

Ilhas do Pacífico

Mauna Kea
Honolulu
Havaí (EUA)
Johnston (EUA)
Testes Nucleares
Surfando em Waikiki
Kamehameha I — Primeiro rei do Havaí (1785-1819)
Lei
Pearl Harbor — Ataque de aeronaves japonesas à frota americana: 7 de dezembro de 1941.
Jubarte
Música Havaiana

Oceano Pacífico

Pomba Manumea
Palmyra (EUA)
Poke Havaiano
Barracuda
Snorkel
Foca-Monge-Havaiana
Akikiki do Havaí — Vive apenas aqui

Samoa
Jarvis (EUA)
Cruzeiros
Tartaruga-Verde
Tubarão-Galha-Branca-Oceânico
Danças Polinésias

Equador

Kiribati
Samuel Wallis
Hibisco
Ilhas Marquesas — 78 ilhas e atóis
Estátua Tiki
Kon-Tiki

Robert L. Stevenson
Tokelau (Nova Zelândia)
Fragata
Pérolas Negras
Ilhas Tuamotu
Árvore-do-Pão
Ilha de Páscoa (Chile)
Moai

Samoa (EUA)
Artesanato
Avarua
Copra
Ilhas Cook (Nova Zelândia)
Polinésia Francesa (França)
Hotéis de Luxo
Pitcairn (Reino Unido)

Tivaevae
Motim de Bounty — 28 de abril de 1789
Ilhas da Sociedade
Tiaré
Ilha Vahine
Paul Gauguin — Amava essas ilhas e viveu nelas por muitos anos.
Produção de Mel

500 KM

ANTÁRTICA

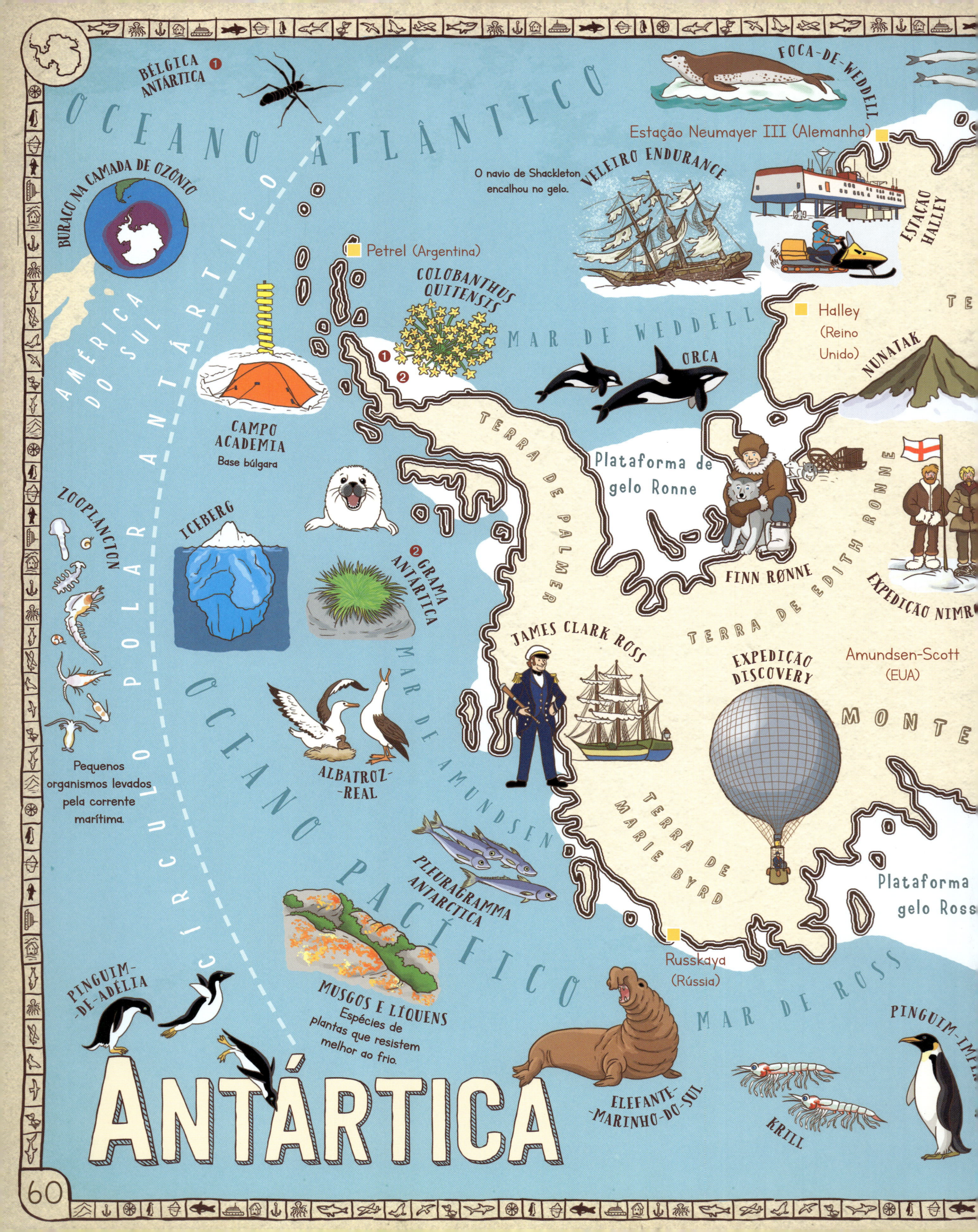

OCEANO ATLÂNTICO

OCEANO PACÍFICO

Círculo Polar Antártico

América do Sul

- BÉLGICA ANTÁRTICA ①
- BURACO NA CAMADA DE OZÔNIO
- Petrel (Argentina)
- COLOBANTHUS QUITENSIS
- CAMPO ACADEMIA — Base búlgara
- FOCA-DE-WEDDELL
- Estação Neumayer III (Alemanha)
- VELEIRO ENDURANCE — O navio de Shackleton encalhou no gelo.
- ESTAÇÃO HALLEY
- Halley (Reino Unido)
- MAR DE WEDDELL
- ORCA
- NUNATAK
- Plataforma de gelo Ronne
- FINN RØNNE
- EXPEDIÇÃO NIMROD
- TERRA DE PALMER
- TERRA DE EDITH RONNE
- ZOOPLÂNCTON — Pequenos organismos levados pela corrente marítima.
- ICEBERG
- GRAMA ANTÁRTICA ②
- MAR DE AMUNDSEN
- JAMES CLARK ROSS
- EXPEDIÇÃO DISCOVERY
- Amundsen-Scott (EUA)
- TERRA DE MARIE BYRD
- MONTE
- Plataforma gelo Ross
- ALBATROZ-REAL
- PLEURAGRAMMA ANTARCTICA
- MUSGOS E LÍQUENS — Espécies de plantas que resistem melhor ao frio.
- Russkaya (Rússia)
- MAR DE ROSS
- PINGUIM-DE-ADÉLIA
- ELEFANTE-MARINHO-DO-SUL
- KRILL
- PINGUIM-IMPERADOR

CABO-TRANSPARENTE

Dakshin Gangotri (Índia)

Base Showa (Japão)

Base Princesa Isabel (Bélgica)

BALEIA-AZUL

CAMPO DE GELO ANTÁRTICO

Icebergs

Há também níquel, urânio e manganês.

DEPÓSITOS DE CARVÃO E FERRO

A Antártica é rica em recursos minerais, mas está protegida por um tratado internacional desde 1998.

TERRA DA RAINHA MAUD

ROBERT FALCON SCOTT

PETREL-DAS-NEVES

Mawson (Austrália)

HMS RESOLUTION (1771)
primeiro navio a cruzar o círculo polar antártico.

MAR DE DAVIS

Zhongshan (China)

MANDRIÃO-ANTÁRTICO

ESTAÇÃO RUSSA

JAMES COOK

ACAMPAMENTO

EXPEDIÇÃO AMUNDSEN
Chegou ao Polo Sul em 14 de dezembro de 1911, 35 dias antes de Scott.

Mirny (Rússia)

Vostok (Rússia)

MONTES TRANSANTÁRTICOS

MOTONEVE

GOLFINHO-CRUZADO

ARVED FUCHS

Concórdia (Itália e França)

Casey (Austrália)

REINHOLD MESSNER

Os primeiros a chegar ao Polo Sul sem veículos motorizados.

❸ Grande estação americana permanente.

❸ ESTAÇÃO MCMURDO

FOCA-CARANGUEJEIRA

TERRA DE WILKES

NAVIO QUEBRA-GELO

SNOW CRUISER

HEPÁTICA

ROALD AMUNDSEN

500 KM

CÍRCULO POLAR ANTÁRTICO

61

Malawi	Maldivas	Malásia	Mali	Malta	Marrocos
Mauritânia	Maurício	México	Micronésia	Moldávia	Mônaco
Mongólia	Montenegro	Moçambique	Myanmar (Birmânia)	Namíbia	Nauru
Nepal	Nicarágua	Níger	Nigéria	Noruega	Nova Zelândia
Omã	Países Baixos	Paquistão	Palau	Palestina	Panamá
Papua-Nova Guiné	Paraguai	Peru	Polônia	Portugal	Porto Rico
Reino Unido	República Tcheca	República Centro-Africana	República do Congo	Rep. Democrática do Congo	República Dominicana
Romênia	Ruanda	Rússia	São Cristóvão e Névis	Santa Lúcia	São Vicente e Granadinas
Samoa	San Marino	São Tomé e Príncipe	Senegal	Sérvia	Seicheles